Enrique del Cerro Calderón

Sexo y política en "Lisístrata"

GRIN Publishing

Bibliographic information published by the German National Library:

The German National Library lists this publication in the National Bibliography; detailed bibliographic data are available on the Internet at http://dnb.dnb.de .

Imprint:

Copyright © 2011 GRIN Verlag, Open Publishing GmbH
Print and binding: Books on Demand GmbH, Norderstedt Germany
ISBN: 978-3-656-29441-2

This book at GRIN:

http://www.grin.com/es/e-book/199768/sexo-y-politica-en-lisistrata

GRIN - Your knowledge has value

Since its foundation in 1998, GRIN has specialized in publishing academic texts by students, college teachers and other academics as e-book and printed book. The website www.grin.com is an ideal platform for presenting term papers, final papers, scientific essays, dissertations and specialist books.

Visit us on the internet:

http://www.grin.com/

http://www.facebook.com/grincom

http://www.twitter.com/grin_com

Sexo y política en *Lisístrata*

Lisístrata[1] es quizá la comedia más universalmente conocida de Aristófanes. Se centra en un asunto fundamental de la actualidad del autor: la Guerra del Peloponeso que, en el s. V a.c., enfrentó a atenienses y espartanos. Por su temática, ha sido clasificada como comedia política, denominación que engloba gran parte de la producción del autor por centrarse principalmente en asuntos y problemas que tienen que ver con la ciudad. Sin embargo, por el planteamiento que se hace de los hechos y por la solución a la que se llega, sería más propio hablar de una utopía política. La trama de la obra es muy sencilla: las mujeres, bajo la dirección de Lisístrata, hartas de verse abandonadas por sus maridos a causa de la guerra y no contentas con los resultados que los hombres han obtenido en la contienda hasta el momento, deciden intervenir y lograr la paz ellas mismas. Para ello, se ponen de acuerdo las mujeres de los dos bandos (atenienses y espartanas) en lo que podría llamarse una huelga sexual consistente en que, bajo ningún pretexto, ninguna de ellas mantendrá relación sexual con su marido hasta que estos no firmen la paz.

Lo que plantea Aristófanes seguramente sonaba disparatado a oídos de un espectador ateniense del s. V a.C. y, sin duda, puede hacerlo bajo el amparo que le proporcionaba el género comedia. Es un mundo al revés. En la época resultaba difícil imaginar que las mujeres, seres sometidos a la autoridad del hombre y normalmente recluidos entre las cuatro paredes de sus casas, pudieran siquiera tener iniciativa propia para cualquier empresa pública y, muchísimo menos, para un asunto que tradicionalmente ha sido considerado cosa de hombres como es la guerra. El asunto de la huelga sexual es igualmente disparatado, no solo por lo cómico que pueda resultar un planteamiento semejante, sino porque supone toda una desobediencia civil: se supone que la mujer es la que debe someterse al hombre y no al revés. La obra abunda en referencias explícitas a las relaciones sexuales entre hombres y mujeres mezcladas con alusiones a personajes de la actualidad y a la política todo ello expresado mediante un lenguaje muy directo y explícito y muy realista[2], como veremos en las citas del texto. Nuestro análisis se centrará precisamente en cómo aparecen relacionados estos dos conceptos en la comedia. Para ello, nos vamos a centrar principalmente en los pasajes que tratan más directamente estos aspectos: el prólogo, en el que se plantea la cuestión, la escena agonal, en la que se produce el debate más importante, y los episodios o *sketches* cómicos finales en los que, paso a paso, se resuelve el conflicto antes del esperado final festivo del éxodo.

Antes de iniciar un análisis más pormenorizado del texto, podemos comenzar con un breve comentario sobre los personajes que aparecen para situar mejor la obra. Lo primero que nos llama la atención es que los nombres de algunos de ellos son alegóricos, es decir, un análisis etimológico nos muestra que están estrechamente relacionados precisamente con los conceptos "política" y "sexualidad". Así, Lisístrata sería 'la que disuelve los ejércitos'; su vecina Cleonice es la 'bella victoria'; Mírrina se relaciona léxicamente con "mirto" que alude directamente al clítoris; Cinesias alude al acto de fornicar (lo cual, como veremos, resulta bastante cómico), etc.[3]. En segundo lugar, cabe recordar que, en el teatro griego, todos los personajes, masculinos y

[1] Seguimos la edición de García Novo en Alianza Editorial citada en la bibliografía. Todas las citas del texto se refieren a esta edición.

[2] Los personajes espartanos aparecen caracterizados por utilizar su propio dialecto laconio en el original. En la traducción, García Novo lo ha respetado haciéndolo parecerse al habla andaluza.

[3] Para una ilustración más precisa, referimos al artículo de J. A. López Férez (pág.7) citado en la bibliografía.

femeninos, eran representados por hombres. Esta obra no debió ser una excepción. Quizá sí pudo serlo para el personaje de Consolación por razones obvias. En esta comedia aparecen enfrentados básicamente personajes masculinos y personajes femeninos, tanto en la esfera privada (matrimonio, e.g. Mírrina y Cinesias) como en la pública (e.g. Lisístrata y el comisario ateniense). El coro mismo aparece dividido en dos semicoros: uno de ancianos y otro de ancianas que se lanzan improperios continuamente. El enfrentamiento es pues constante hasta el momento de reconciliación final. Al mismo nivel encontramos otros enfrentamientos. Por un lado, Lisístrata como heroína destaca frente al resto de las mujeres. Por otro, como es lógico, los atenienses aparecen enfrentados a los espartanos[4].

El prólogo es la parte de la comedia en la que se plantea el conflicto y una en la que más claramente podemos ver la relación que se establece entre sexo y política. Comienza con la queja de Lisístrata ante el retraso del resto de mujeres con las que ha quedado para exponerles su plan. Inmediatamente aparece Cleonice, su contrapunto, y entablan un diálogo lleno de ambigüedades y alusiones a la imagen que se tenía de la mujer en la época. De las palabras de Lisístrata inferimos la afición de estas al sexo: *"si las hubieran invitado a una fiesta de Baco, a una gruta de Pan, o al promontorio de Coliade, al templo de la Genetílide, no se podría ni siquiera pasar por culpa de sus tambores"*[5]. Cleonice, por su parte, ofrece un catálogo de sus ocupaciones en el mundo privado del hogar[6]. El asunto que tienen que tratar es "grande" y "grueso", palabras cargadas de ambigüedad que hacen pensar a Cleonice en el sexo masculino reforzando las palabras iniciales de Lisístrata. Esta última detecta la confusión de Cleonice y la corrige, pero sus palabras no dejan de ser ambiguas para seguir manteniendo la comicidad: *"se trata de un asunto que yo he estudiado y al que he dado vueltas y más vueltas en muchas noches en blanco"*[7], hasta concluir que lo que plantea es tan serio como que la salvación de Grecia solo es posible a manos de las mujeres. Ya tenemos introducido el asunto. Ahora falta saber cómo. La única forma posible es recurrir a las armas de que disponían las mujeres: *"las tuniquillas azafranadas, los perfumes, las zapatillas, el colorete y las enaguas transparentes"*[8].

Poco a poco van apareciendo el resto de mujeres y las alusiones sexuales siguen siendo una constante. Cleonice sugiere que las mujeres de Salamina, por ejemplo, han cruzado el mar abiertas de piernas. Más adelante Lisístrata se refiere al carácter beocio de una de las mujeres jugando con la polisemia de la palabra "llanura". Todos estos matices y ambigüedades contribuyen grandemente a la comicidad y, seguramente, eran captados con facilidad por un público al que imaginamos riendo de principio a fin, teniendo en cuenta, además, que los personajes femeninos son hombres travestidos. Reunidas todas las mujeres, Lisístrata continúa la exposición de su plan. Todas tienen un marido ausente por la guerra y, desde la traición de Mileto, tampoco quedan consoladores de cuero con los que sustituirlos de modo que les plantea si estarían dispuestas a lograr la paz con su ayuda. Como, según se ha ido dando a entender desde el principio, las mujeres destacan por su afición al sexo, la adhesión al plan es unánime. El problema viene cuando se plantea la estrategia concreta a seguir. Las mujeres no están, de ningún modo, dispuestas a practicar la abstinencia sexual.

---

[4] Para un análisis completo de los personajes se puede consultar el artículo de García Novo citado en la bibliografía.

[5] Versos 1-3.

[6] Versos 16-19.

[7] Versos 25-27.

[8] Versos 46-47.

El apoyo que Lisístrata recibe de Lampito, su equivalente en el bando espartano, hace que el resto de mujeres recapacite y, poco a poco y con reservas, todas estén de acuerdo con el plan. En principio se trata de quedarse en casa y, utilizando las armas de mujer descritas, insinuarse a los hombres hasta que estos no puedan aguantar su deseo sexual. En ese momento, habría que mostrarse fuertes y rechazarlos. Lisístrata, que conoce a la perfección al género masculino, no duda en que su estrategia las llevará pronto a conseguir la paz. Sin embargo, no pueden conformarse con cualquier tipo de paz. Esta, según Lampito, ha de ser *"huzta y zin engaño en todah laz cosah"*[9], lo cual no puede lograrse mientras los atenienses sigan teniendo una flota de trirremes y cuenten con el dinero que tienen guardado en la Acrópolis. Lisístrata continúa con su plan: ha ordenado a las mujeres más mayores apoderarse de la Acrópolis mientras ellas, las jóvenes, se ponían de acuerdo. Ahora se trata de cerrar solemnemente el acuerdo haciendo un juramento pero, nuevamente se produce la parodia. En lugar de jurar sobre las vísceras de un animal, Cleonice, el personaje que hace las veces de bufón entre las mujeres, propone degollar un cántaro de vino, que es más pacífico y, de paso, le sirve a Aristófanes para burlarse de la fama de bebedoras de las mujeres. En un momento dado se oyen gritos. Son las ancianas que han conseguido apoderarse de la Acrópolis. El resto de mujeres se dirige hacia allí.

Tras este comentario del prólogo cabe llamar la atención sobre varias ideas. La primera es que, según el planteamiento que se hace, el logro político que se persigue, es decir, la paz, no puede lograrse sin recurrir a la sexualidad. Según el plan de Lisístrata toda estrategia para conseguir la paz ha de pasar por la abstinencia sexual. En un segundo lugar, se plantea la paradoja de que las mujeres, seres ávidos de sexo, tengan que abstenerse de la práctica sexual para lograr sus objetivos políticos. En tercer lugar, se presenta a las mujeres, especialmente a Lisístrata, como defensoras de los derechos y de la valía femenina ya que, hartas de estar en un segundo plano a expensas de las acciones y decisiones de los hombres, deciden ser dueñas de su situación y arreglar por ellas mismas lo que los hombres no han sabido gestionar. En cuarto lugar, el tema, que se plantea como serio, resulta de una comicidad magistral. Por último, hay que señalar que el plan de Lisístrata tiene dos vertientes: una privada y una pública. La vertiente privada consiste en quedarse en casa, acicalarse y tentar sexualmente a los maridos para después no acostarse con ellos. La insatisfacción sexual de los hombres repercutirá en la esfera pública ya que, al no poder satisfacer su deseo sexual, la guerra no podrá continuar. Dentro de la vertiente pública se incluye, como refuerzo, el apoderarse del dinero de la Acrópolis para que los hombres no puedan financiar la contienda. En principio, la parte de quedarse en casa no se cumple. Al final, todas las mujeres acaban encerrándose en la ciudadela pero, de algún modo, los enfrentamientos de ancianos y ancianas del coro (verdaderas reyertas matrimoniales) y, sobre todo, el episodio de Mírrina y Cinesias, dan cuenta en escena de la parte privada del plan. La parte pública se corresponde con la escena agonal.

Tras la párodos, donde se describe la lucha con fuego y agua entre el semicoro de ancianas que se han encerrado en la Acrópolis y el semicoro de ancianos que intenta echarlas con el fuego, tenemos otra escena en la que aparecen alusiones sexuales y políticas combinadas. Se trata de lo que podríamos denominar el episodio central, que incluye la escena agonal (387- 613). Se produce un diálogo entre un comisario ateniense perteneciente al consejo y Lisístrata. Este aparece enojado por los gritos de las mujeres. Se le ocurre que están celebrando una fiesta de carácter báquico lo cual le sirve a

---

[9] Verso 169.

Aristófanes para referirse a un tema de actualidad: la famosa expedición a Sicilia propuesta por Demóstrato. Mientras este hacía su propuesta en la asamblea, podía escuchar los gritos de su esposa y de otras mujeres que, precisamente, celebraban la muerte anual de Adonis con igual alboroto. El corifeo lo saca de su error y le informa de que las mujeres se han apoderado de la Acrópolis, con lo cual no podrá cumplir con su cometido: tomar el dinero depositado en la Acrópolis para mantener a punto la escuadra naval de Atenas. Tras hacer chistes alusivos al vicio sexual de las mujeres, decide entrar en la Acrópolis por la fuerza.

En este momento se produce un segundo enfrentamiento[10], esta vez contra la autoridad. Lisístrata insiste en que *"no son barras lo que se necesita* (para entrar en la Acrópolis y conseguir el objetivo), *sino sentido común y mollera"[11]* . Esto enoja sobremanera al comisario que ve que con desesperación cómo ni siquiera con la ayuda de sus arqueros escitas puede reducir a las mujeres. Azuzado por el Corifeo comienza el enfrentamiento dialéctico (agón) propiamente dicho con Lisístrata. Ya desde el principio observamos el carácter, la decisión y la inteligencia de Lisístrata pero es en esta escena donde termina de mostrarse como una heroína. Se enfrenta con arrojo al comisario haciéndole ver que, de ahora en adelante serán las mujeres las que administren el dinero tal y como administran la casa. Las mujeres acabarán con la guerra y, con ello, salvarán a los hombres quieran estos o no. Tras esto, le expone la humillante situación social de la mujer: en lo que a la guerra se refiere no se las permite opinar a pesar de ser plenamente conscientes de los errores cometidos por los hombres. Es por ello que se han puesto de acuerdo para salvar a Grecia entre todas. Las cosas han cambiado poco para las mujeres desde la época de Homero: *"de la guerra se ocuparán los hombres"[12]*, le decía entonces Héctor a Andrómaca. De lo que se trata ahora es de que, igual que antes los hombres no escuchaban a las mujeres ni las dejaban opinar, a pesar de que las cosas iban mal, ahora serán las mujeres las que no dejen hablar a los hombres y, con su alianza para esta resistencia pasiva, solucionarán lo que estos no han sabido hacer. Se han invertido los roles sexuales. Ahora son las mujeres las que hablan y mandan callar a los hombres. El momento clave viene a continuación. Lisístrata se desprende del atuendo de sumisión que le han impuesto los hombres, el pañuelo, y se lo pone al comisario. Cleonice le da un cestillo con lana y, contradiciendo a Homero, afirma que de la guerra se ocuparán ahora las mujeres. El travestismo del comisario simboliza claramente la sumisión de los hombres a las mujeres.

Una vez que se ha mostrado quién manda ahora, se hace necesario explicar cómo se logrará la paz. En primer lugar, es necesaria la colaboración de Eros y de Afrodita, divinidades del amor y del deseo sexual que aumentarán la necesidad de los hombres por las mujeres y, por extensión, por la paz. En segundo lugar, hay que lograr una limpieza política. Lisístrata, mujer práctica y juiciosa, propone hacerlo de la misma forma que las mujeres trabajan la lana. Merece la pena ver cuál sería el proceso: *"Primero, a la ciudad, como al vellón de la lana, después de haberle quitado la mugre lavándola en un baño, habría que ponerla sobre un lecho, apalearla para que eche a los sinvergüenzas y sacarle los abrojos; y a esos que se reúnen y se aglomeran junto a los cargos públicos, separarlos con el cardado y arrancarles ... las cabezas. Después habría que esponjar la buena voluntad común y echarla en un cestito, mezclando a todos, a los metecos, a los extranjeros que sean amigos nuestros, y a los que tengan*

---

[10] El primero es el que se ha producido en la párodos.

[11] Verso 432.

[12] Verso 521, parte de otro de Homero, con el que Héctor silenciaba a Andrómaca al intentar aconsejarle ella sobre la guerra.

deudas con el Estado: también a esos mezclarlos ahí. ¡Por Zeus!, y las ciudades, todas las que son colonias de esta tierra, habría que tener una idea clara de que, para nosotros son como los copos de lana que están cada uno por su lado; luego se cogen estos copos que forman cada una de ellas, se reúnen y se juntan en uno solo, y después se hace una gran bola y, con ella, se teje un vestido para la gente.[13] El planteamiento es magistral. Está cargado de buen juicio y, seguramente, podría ser aplicable en cualquier época y en cualquier lugar. Los que ejercen la política (en este caso hombres) se olvidan muchas veces de que trabajan para el pueblo (en el que se incluyen las mujeres). Hay que acabar con los parásitos que solo esperan sacar beneficio a costa de los demás y procurar la unión de todos aquellos que son afines a una misma causa. Ante la acusación de no haber participado en la guerra, Lisístrata se defiende argumentando que todas las mujeres han suministrado hijos para la causa. Mientras los hombres toman parte en la guerra, ellas permanecen solas en sus casas. Por último, las chicas jóvenes no tienen opción de encontrar marido, pues todos están en la guerra y, en el momento en que estos regresen, serán demasiado mayores como para que ninguno decida unirse a ellas pudiendo hacerlo con otras más jóvenes.

De esta parte podemos extraer las siguientes ideas: en primer lugar, Lisístrata se muestra como toda una heroína feminista que lucha por sus derechos y por los de las demás mujeres. Reivindica que las mujeres han de ser escuchadas y tenidas en cuenta en los asuntos que conciernen a la polis puesto que tienen la misma capacidad que los hombres para discurrir. Las mujeres saben cómo administrar una casa, por tanto, también una ciudad. Para llevar a cabo sus deseos, las mujeres están dispuestas a cualquier cosa. Seguramente, la intención de Aristófanes no fuera la de hacer un alegato feminista pero, sin ser este su objetivo, les ha dado dignidad. Parece más bien que su intención fuera la de hacer un alegato a favor de la paz burlándose para ello de sus coetáneos masculinos a los que no ve capaces de solucionar un conflicto que viene durando ya demasiado tiempo y que se ha cobrado tantas vidas humanas. En mi opinión, su forma de hacerlo es, precisamente, ridiculizando a los hombres a través de las mujeres.

Durante el debate parabático (614-705)[14] continúan las alusiones sexuales y se hace mención de personajes de la actualidad ateniense. Los ancianos, espantados por la acción de las mujeres, piensan que estas pretenden volver a la tiranía de Hipias. El complot vendría de parte de Clístenes, personaje de actualidad y conocido homosexual que, asociado con algunos espartanos (la relación viene porque entre estos últimos eran comunes las relaciones homosexuales) habría engañado a las mujeres para apoderarse de los fondos públicos. Los dos coros se enfrentan dialécticamente y se preparan para lo que parece que podría terminar en una apoteosis sexual que se ve interrumpida por la llegada de Lisístrata. A partir de aquí nos centramos en los episodios finales que nos recuerdan a los modernos sketches paródicos que podemos ver en la televisión.

El plan peligra. Las mujeres no son capaces de soportar la abstinencia sexual y tratan de huir de la Acrópolis bajo cualquier pretexto provocando toda una serie de situaciones cómicas que llevan a nuestra heroína a la desesperación. Las mujeres están demostrando ser débiles en su lucha y a Lisístrata no le queda más remedio que recurrir al ingenio para apaciguarlas. Parodiando un oráculo les hace ver que sus desgracias cesarán cuando ellas (golondrinas) se escondan de los hombres (abubillas) en un único lugar (la Acrópolis) y, absteniéndose del pene, Zeus las recompensará haciendo que las manden sobre los hombres, implicando a la vez un cambio de postura sexual. Si no logran abstenerse, no habrá ave más "pelandruscona" que las atenienses. Las mujeres

---

[13] Versos 574-586.
[14] Tomo la terminología de López Férez en el artículo citado . En *Lisístrata* hay ausencia de parábasis.

quedan conformes y vuelven a la Acrópolis tras lo cual, se produce otra nueva escena matrimonial entre los dos semicoros.

Todo lo anterior nos prepara la escena siguiente. El plan de Lisístrata empieza a dar frutos en lo que hemos llamado el ámbito privado. Cinesias, el marido de Mírrina se acerca *"trastornado, poseído por los éxtasis de Afrodita"[15]*. Viene en busca de su mujer acompañado de un esclavo y de un hijo pequeño con la intención de convencer a esta para que lo acompañe a casa y poder satisfacer, de una vez, su deseo sexual. La estrategia de las mujeres es clara. Hay que adularlo y provocarlo para que su deseo crezca aún más pero, en ningún momento llegar a complacerlo. La escena se divide en dos partes. En la primera, Cinesias se entrevista con Lisístrata ante la que se queja de "convulsiones" y de "rigidez". Tras presentarse como marido de Mírrina, Lisístrata lo engatusa haciéndole ver lo mucho que esta lo quiere y lo mal que lo está pasando por no tenerlo cerca. Conseguido su objetivo, lo deja a solas con Mírrina para que ella termine de prepararlo. La segunda parte de la escena es una de las más cómicas de la obra. Se trata de una escena matrimonial en la que el marido no puede atender a más razones que a satisfacer su necesidad sexual ya que es una pobre víctima de su erección. Su estado simboliza el estado en que debían encontrarse el resto de los hombres a estas alturas del plan de Lisístrata. Intenta desesperadamente atraer a su mujer para acostarse con ella. No consiguiendo hacerle sentir pena por él, tiene que recurrir al niño para ablandarla hasta que, por fin, esta accede a bajar junto a él. No contento con ello, pretende arrastrarla a casa recordándole el incumplimiento de sus deberes (las gallinas y los ritos de Afrodita). A su vez Mírrina sigue las directrices de Lisístrata a rajatabla: demora el cumplimiento de los deseos del marido todo lo posible hasta el absurdo. No accederá a volver a casa a menos que los hombres se comprometan a firmar la paz. Cinesias, en su estado, está dispuesto a hacer lo que sea y Mírrina accede a cumplir sus deseos con la intención oculta de no cumplirlos, naturalmente. La situación es cómica y, al igual que Penélope con el hilado, esta va aplazando el momento de la unión sexual con excusas para, al final, salirse con la suya dejando al marido en tal estado que no le queda otra que buscar al "perrozorro"[16].

El plan de Lisístrata es ya un éxito y ha alcanzado carácter universal. Todos los hombres están afectados por la erección. Un heraldo de Esparta llega a Atenas para firmar la paz. Lo recibe un prítanis ateniense. La escena es también muy cómica pues los dos personajes, en la seriedad de sus respectivos cargos políticos, se presentan ante el público con erecciones prominentes y las alusiones a las mismas son constantes (*"tiezah ehtá toda Lasedemonia"[17]*) hasta que los dos acuerdan firmar la paz en seguida. Con esta escena se apunta al cierre de la trama pública o política. La paz está a punto de lograrse por fin. Atenienses y espartanos están dispuestos a dejar las armas. Ahora queda cerrar el conflicto en el ámbito privado lo cual se produce en la siguiente escena. Los dos coros, por iniciativa de las mujeres, acaban reconciliándose y, por primera vez en la comedia, se funden en uno y cantan por un futuro de alegría y optimismo invitando al banquete que pondrá fin a la comedia. A pesar de las duras palabras que el corifeo dirige a las mujeres, la corifeo le pone la túnica que este se quitó anteriormente, para que vuelva a parecer un hombre. La paz entre maridos y mujeres queda sellada así.

Todavía falta un episodio final. Hay que conseguir la paz política. Atenienses y espartanos eligen a Lisístrata, la artífice de todo, para que los reconcilie. Esta accede y

---

[15] Verso 832. Lisístrata da cuenta del estado en que aparece el hombre en cuestión diciendo: *"sigue por ese camino tan tieso que llevas"*.

[16] Dueño de un burdel.

[17] Verso 995.

lo hace llamando a Conciliación, una muchacha que aparece desnuda en escena y que, por un lado, simboliza metafóricamente lo que sería el tratado de paz y, por otro, mediante agudos juegos de palabras, las distintas partes de su anatomía representan las ambiciones territoriales y, al mismo tiempo, sexuales que tienen ambas facciones. Lisístrata vuelve a insistir en su capacidad a pesar de ser mujer y, para unir en armonía a atenienses y espartanos, les recuerda su pertenencia a una misma estirpe: todos son griegos al fin y al cabo, adoran a los mismos dioses y participan en los mismos juegos. Posteriormente, les recuerda las hazañas de apoyo contra el enemigo que los unos han recibido de los otros. Tras esto viene la fiesta final que pone fin a la comedia.

   Lisístrata sigue levantando pasiones en la actualidad. Prueba de ello son la cantidad de versiones que se han hecho de la obra en los últimos tiempos. En primer lugar, podemos citar el cómic homónimo del autor alemán Ralph König en el que las mujeres tienen que competir, además, con los homosexuales de Atenas para lograr su fin. En este mismo cómic se basa también la película homónima de Francesc Bellmunt y la representación que se hizo en Mérida en agosto de 2010 de los directores Jèrôme Savary y Joaquín Oristrell. Todavía hoy nos sorprende el hecho de que un tema tan serio como es la guerra se pueda tratar desde un punto de vista tan políticamente incorrecto, ya que el mundo sexual sigue teniendo mucho de tabú. Lo absurdo de la guerra sigue teniendo vigencia en nuestros días y, para ello, no hay más que echar un vistazo al mundo para encontrar ejemplos de absurdas contiendas por las que los ciudadanos de occidente a veces se preguntan: "¿qué estamos haciendo allí?" Aún hoy sigue habiendo tensiones matrimoniales y, sobre todo, desigualdad entre hombres y mujeres. Así pues, mientras todas estas cosas continúen esta obra seguirá teniendo vigencia para nosotros.

Bibliografía:

a) Fuentes primarias:

Aristófanes (2002), *Lisístrata*, edición de L. M. Macía Aparicio, Madrid, Ediciones Clásicas.

Aristófanes (1996), *Las Nubes, Lisístrata, Dinero*, edición de Elsa García Novo, Madrid, Alianza Editorial.

b) Fuentes secundarias:

Bowra, C. M. (2005 ed. española), *Historia de la Literatura Griega*, Madrid, Fondo de Cultura Económica de España.

Bowra, C. M. (2007 ed. española), *Introducción a la Literatura Griega*, Madrid, Editorial Gredos.

García Novo, E. (1991), *Mujeres al poder: Una Lectura de Lisístrata*, en *Cuadernos de Filología Clásica*, págs.. 43- 55, Madrid, Ed. Universidad Complutense.

López Férez, J.A. (2006), *Una lectura de la* Lisístrata *de Aristófanes*, en *Synthesis*, nº 13, La Plata, Universidad Nacional de La Plata.

López Férez, J.A. (ed.), (2008), *Historia de la Literatura Griega*, Madrid, Cátedra.

Sardón Navarro, I (2001), *Rasgos de la comicidad en el texto dramático:* Lisístrata *de Aristófanes*, en *Castilla: Estudios de Literatura*, nº 26, págs. 149-171, Universidad de Valladolid.